Impressum
Verlag: BABADADA GmbH, Nedderfeld 112 , 22529 Hamburg
Geschäftsführer / Verlagsleitung: Harald Hof
Druck: Books on Demand GmbH, In de Tarpen 42, 22848 Norderstedt

Imprint
Publisher: BABADADA GmbH, Nedderfeld 112 , 22529 Hamburg, Germany
Managing Director / Publishing direction: Harald Hof
Print: Books on Demand GmbH, In de Tarpen 42, 22848 Norderstedt

shule

kool

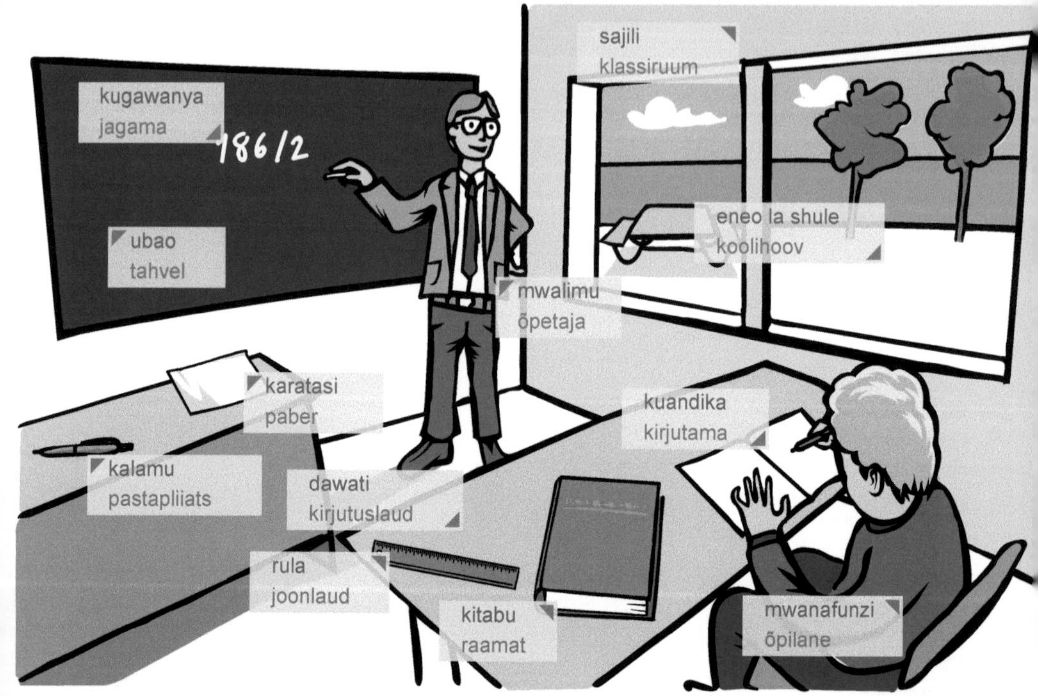
sajili
klassiruum
kugawanya
jagama
186/2
ubao
tahvel
eneo la shule
koolihoov
mwalimu
õpetaja
karatasi
paber
kuandika
kirjutama
kalamu
pastapliiats
dawati
kirjutuslaud
rula
joonlaud
kitabu
raamat
mwanafunzi
õpilane

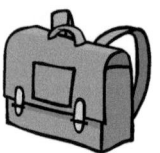

mkoba
koolikott

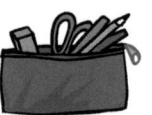

kikasha cha penseli
pinal

penseli
harilik pliiats

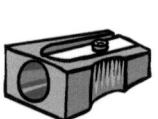

kichonga penseli
pliiatsiteritaja

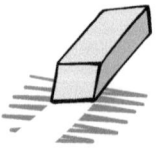

mpira
kustukumm

pedi ya kuchora
joonistusplokk

uchoraji

joonistus

brashi ya rangi

pintsel

sanduku la rangi

värvikarp

mkasi

käärid

gundi

liim

daftari

töövihik

kazi ya nyumbani

kodutöö

12

nambari

number

2+2

jumlisha

liitma

5-2

ondoa

lahutama

2×2

zidisha

korrutama

kokotoa

arvutama

A

barua

täht

ABCDEFG
HIJKLMN
OPQRSTU
VWXYZ

alfabeti

tähestik

neno

sõna

maandishi

tekst

kusoma

lugema

chaki

kriit

somo

koolitund

sajili

klassipäevik

uchunguzi

eksam

cheti

tunnistus

sare za shule

koolivorm

elimu

haridus

elezo

entsüklopeedia

chuo kikuu

ülikool

darubini

mikroskoop

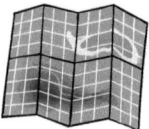

ramani

kaart

kikapu cha kuweka karatasi chafu

paberikorv

usafiri
reisimine

hoteli
hotell
Grand
hosteli
hostel
ROOMS
EXCHANGE
ofisi ya ubadilishanaji
valuutavahetuspunkt
sanduku
kohver
gari
auto

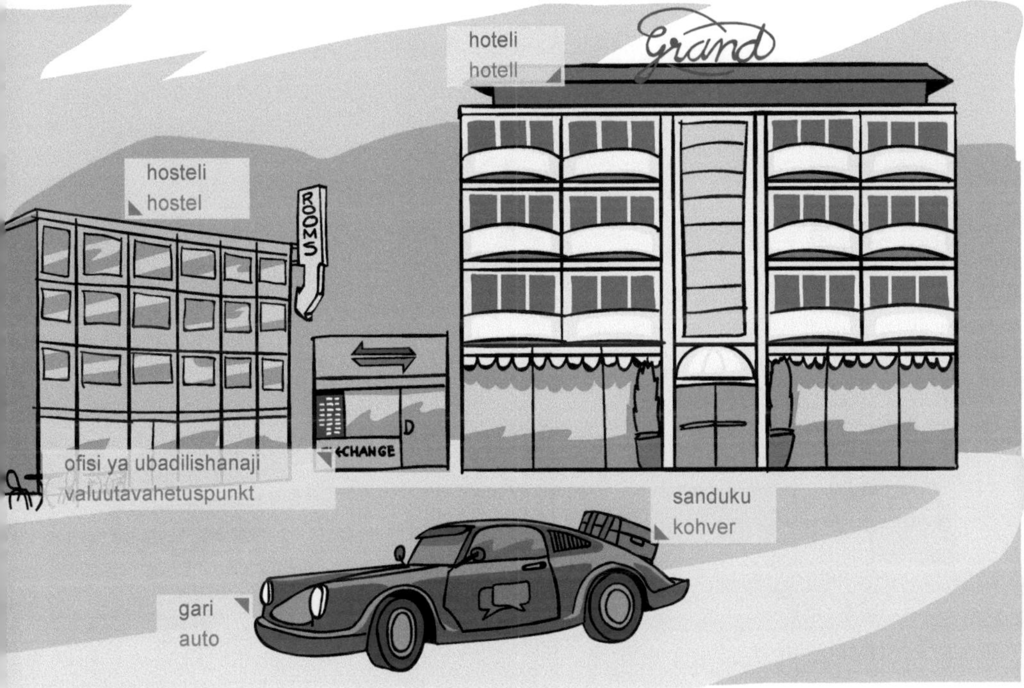

lugha

keel

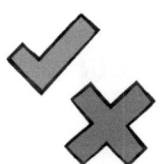

ndiyo / la

jah / ei

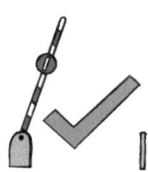

sawa

okei

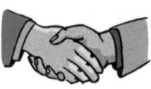

hujambo

Tere!

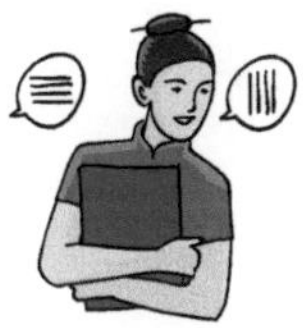

mtafsiri

tõlk

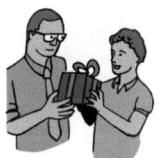

Asante

Aitäh!

kiasi gani ni ...?

Kui palju maksab ...?

Sielewi

Ma ei saa aru

tatizo

probleem

Jioni njema!

Tere õhtust!

Habari za asubuhi!

Tere hommikust!

Usiku mwema!

Head ööd!

kwa heri

Head aega!

mwelekeo

suund

mizigo

pagas

mfuko

kott

shanta

seljakott

mgeni

külaline

chumba

tuba

begi la kulalia

magamiskott

hema

telk

taarifa ya utalii	ufuo	kadi
turismiinfo	rand	krediitkaart

kifunguakinywa	chakula cha mchana	chakula cha jioni
hommikusöök	lõunasöök	õhtusöök

tiketi	kuinua	muhuri
pilet	lift	postmark

mpaka	mila	ubalozi
riigipiir	toll	saatkond

visa	pasipoti	
viisa	pass	

usafiri
transport

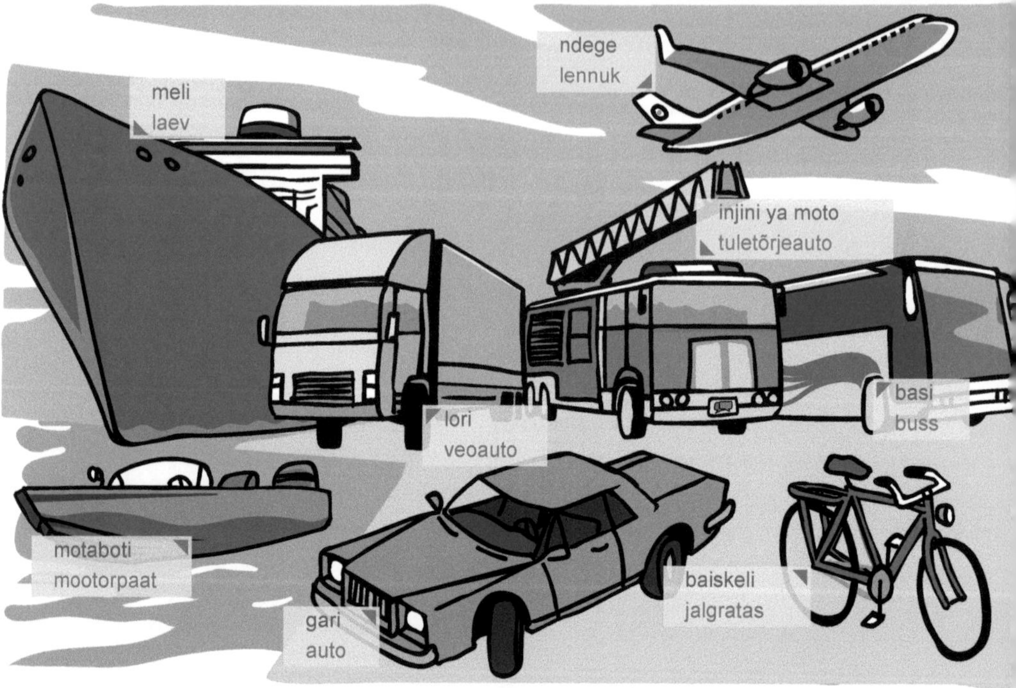
ndege
lennuk
meli
laev
injini ya moto
tuletõrjeauto
lori
veoauto
basi
buss
motaboti
mootorpaat
baiskeli
jalgratas
gari
auto

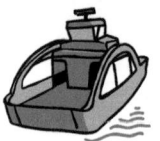

feri

praam

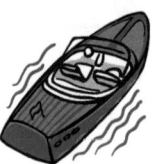

mashua

paat

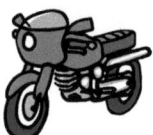

pikipiki

mootorratas

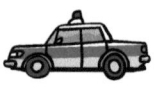

gari la polisi

politseiauto

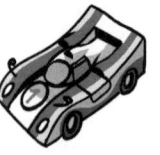

gari la mashindano

võidusõiduauto

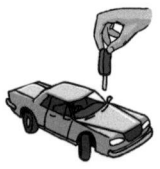

gari la kukodisha

rendiauto

kushiriki gari

ühisauto

lori la kuvuta

puksiirauto

ukusanyaji taka

prügiauto

motor

mootor

mafuta

kütus

kituo cha mafuta

tankla

ishara trafiki

liiklusmärk

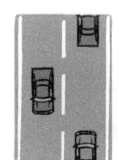

trafiki

liiklus

msongamano

liiklusummik

maegesho

parkla

kituo cha treni

raudteejaam

reli

rööpad

garimoshi

rong

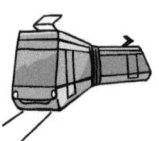

tremu

tramm

gari la mizigo

vagun

helikopta

helikopter

uwanja wa ndege

lennujaam

mnara

torn

abiria

reisija

chombo

konteiner

katoni

pappkast

mkokoteni

käru

kikapu

korv

ondoka

õhku tõusma / maanduma

jiji

linn

kijiji

küla

katikati ya jiji

kesklinn

nyumba

maja

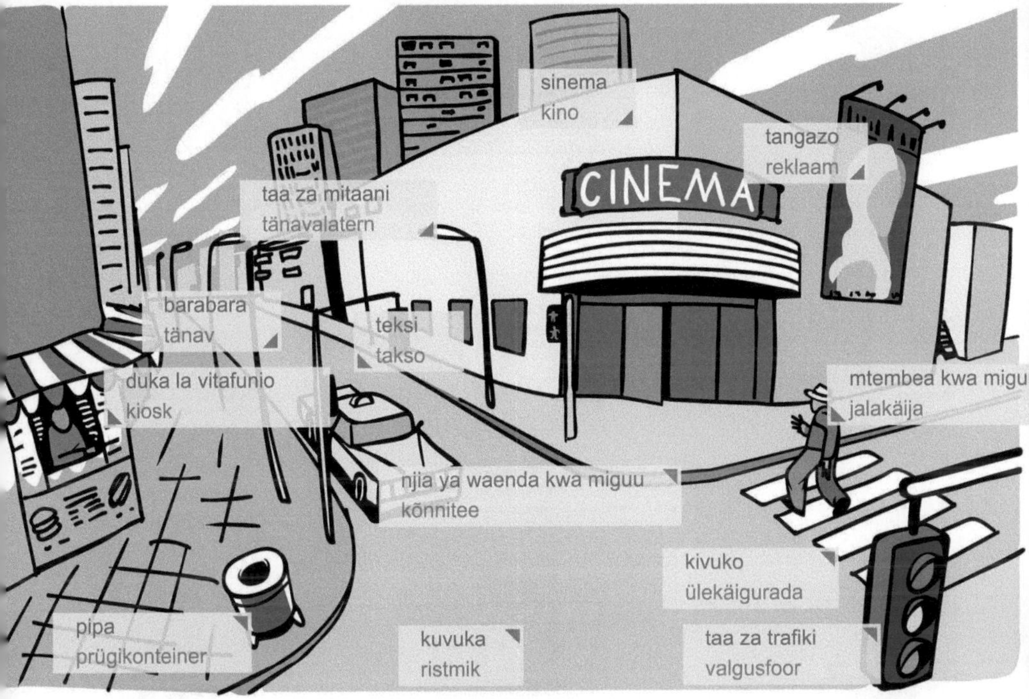

sinema
kino

tangazo
reklaam

taa za mitaani
tänavalatern

CINEMA

barabara
tänav

teksi
takso

duka la vitafunio
kiosk

mtembea kwa miguu
jalakäija

njia ya waenda kwa miguu
könnitee

kivuko
ülekäigurada

pipa
prügikonteiner

kuvuka
ristmik

taa za trafiki
valgusfoor

kibanda

osmik

gorofa

kortermaja

kituo cha treni

raudteejaam

ukumbi wa mji

raekoda

Makavazi

muuseum

shule

kool

jiji - linn

chuo kikuu

ülikool

benki

pank

hospitali

haigla

hoteli

hotell

duka la dawa

apteek

ofisi

kontor

duka la kitabu

raamatupood

duka

kauplus

duka la maua

lillepood

dukakuu

supermarket

soko

turg

idara ya kuhifadhi

kaubamaja

mwuza samaki

kalapood

kituo cha ununuzi

kaubanduskeskus

bandari

sadam

Hifadhi
park

benki
pink

daraja
sild

vidato
trepp

chini ya ardhi
metroo

handaki
tunnel

kituo cha mabasi
bussipeatus

bar
baar

mgahawa
restoran

sanduku la posta
postkast

ishara ya barabara
tänavasilt

mita ya maegesho
parkimisautomaat

bustani ya wanyama
loomaaed

kidimbwi cha kuogelea
ujula

msikiti
mošee

shamba	uchafuzi	makaburini
talu	reostus	surnuaed

kanisa	uwanja wa michezo	hekalu
kirik	mänguväljak	tempel

mazingira
maastik

jani
leht

ishara ya mwelekeo
teeviit

njia
tee

malisho
aas

jiwe
kivi

mtembeaji wa masafa
matkaja

mti
puu

mto
jõgi

nyasi
rohi

ua
lill

bonde

org

kilima

mägi

ziwa

järv

msitu

mets

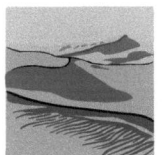

jangwa

kõrb

volkano

vulkaan

ngome

linnus

upinde wa mvua

vikerkaar

uyoga

seen

mtende

palm

mbu

sääsk

kuruka

kärbes

chungu

sipelgas

nyuki

mesilane

buibui

ämblik

mende

mardikas

chura

konn

kuchakuro

orav

nungunungu

siil

sungura

jänes

bundi

öökull

ndege

lind

swan

luik

nguruwe mwitu

metssiga

kulungu

hirv

aina ya kongoni

põder

bwawa

pais

tabo ya upepo

tuuleturbiin

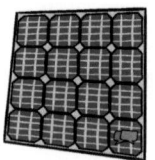

nishaji ya jua

päikesepaneel

hali ya hewa

kliima

mhudumu
kelner

menyu
menüü

kiti
tool

supu
supp

piza
pitsa

kitambaa cha mezani
laudlina

vilia
söögiriistad

kiamsha hamu
·············
eelroog

kozi kuu
·············
pearoog

kitindamlo
·············
magustoit

vinywaji
·············
joogid

chakula
·············
toit

chupa
·············
pudel

chakula cha haraka

kiirtoit

Streetfood

tänavatoit

buli

teekann

kisanduku cha sukari

suhkrutoos

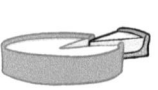

sehemu

portsjon

mashine ya espresso

espressomasin

kiti kirefu

lastetool

muswada

arve

trei

kandik

kisu

nuga

uma

kahvel

kijiko

lusikas

kijiko cha chai

teelusikas

nepi

salvrätik

glasi

klaas

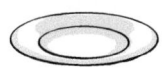

sahani

taldrik

sahani ya supu

supitaldrik

sufuria

alustass

mchuzi

kaste

kichanyaji chumvi

soolatoos

kinu cha pilipili

pipraveski

siki

äädikas

mafuta

õli

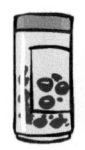

viungo

vürtsid

kechapu

ketšup

haradali

sinep

kachumbari nzito

majonees

dukakuu
supermarket

ofa maalum
eripakkumine
FOR
mteja
klient
maziwa
piimatooted
matunda
puuviljad
toroli
ostukäru

BUTCHERS

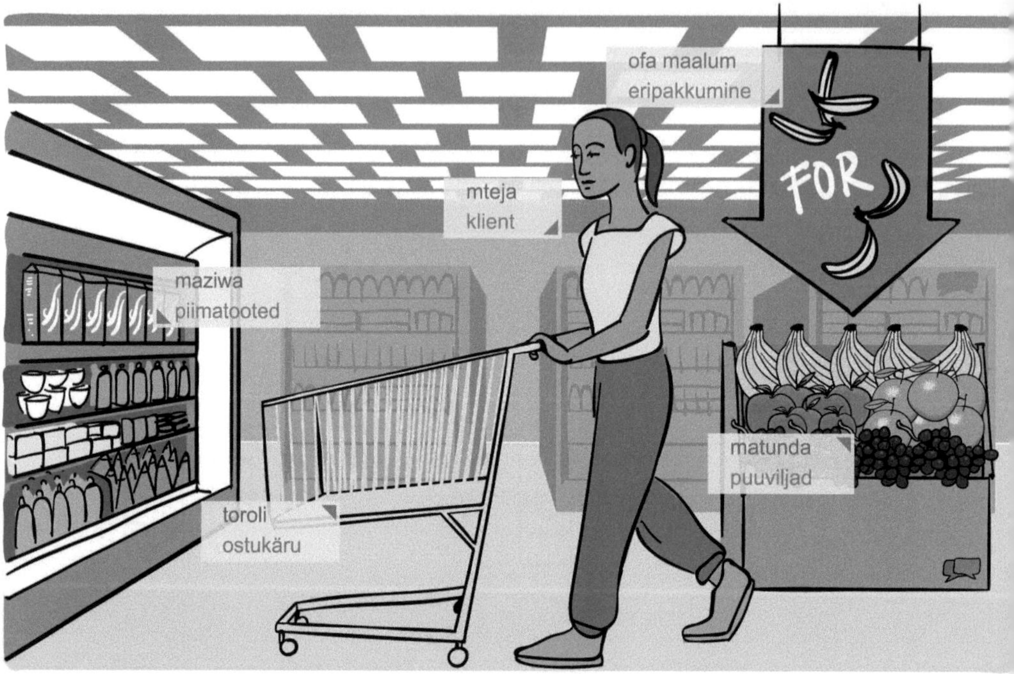

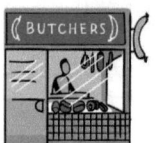

mchinjaji

lihapood

BAKERY

mwokaji

pagariäri

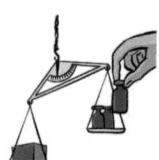

uzito

kaaluma

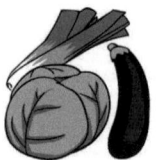

mboga

köögiviljad

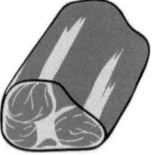

nyama

liha

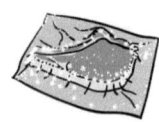

chakula waliohifadhiwa

külmutatud toit

ipande vya nyama baridi

lihalõigud

chakula cha kopo

konservid

sabuni ya unga

pesupulber

pipi

maiustused

bidhaa za kaya

majatarbed

bidhaa za kusafisha

puhastustooted

mtu mauzo

müüja

mpaka

kassaaparaat

keshia

kassapidaja

orodha ya manunuzi

ostunimekiri

masaa ya ufunguzi

lahtiolekuajad

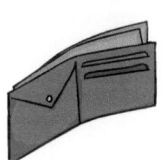

mkoba

rahakott

kadi

krediitkaart

mfuko

kott

mfuko wa plastiki

kilekott

maji

vesi

sharubati

mahl

maziwa

piim

coke

koola

mvinyo

vein

bia

õlu

pombe

alkohol

kakao

kakao

chai

tee

kahawa

kohv

spreso

espresso

kapuchino

cappuccino

ndizi

banaan

tufaha

õun

machungwa

apelsin

tikiti

arbuus

lemon

sidrun

karoti

porgand

kitunguu saumu

küüslauk

mianzi

bambus

kitunguu

sibul

uyoga

seen

karanga

pähklid

nudo

nuudlid

spageti

spagetid

mpunga

riis

saladi

salat

vibanzi

friikartulid

viazi vya kukaanga

praekartulid

piza

pitsa

hambaga

hamburger

sandwichi

võileib

kipande

šnitsel

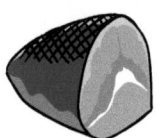

paja la mnyama

sink

salami

salaami

soseji

vorst

kuku

kana

choma

praeliha

samaki

kala

oats ya uji

kaerahelbed

muesli

müsli

cornflakes

maisihelbed

unga

jahu

kroisanti

sarvesai

andazi

kukkel

mkate

leib

mkate wa kubanika

röstsai

biskuti

küpsised

siagi

või

maziwa mgando

kohupiim

keki

kook

yai

muna

yai kukaanga

praemuna

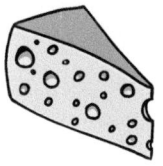

jibini

juust

aiskrimu

jäätis

sukari

suhkur

asali

mesi

jemu

moos

kuenea kwa chokoleti

pähklivõie

mchuzi wa viungo

karri

shamba
talu

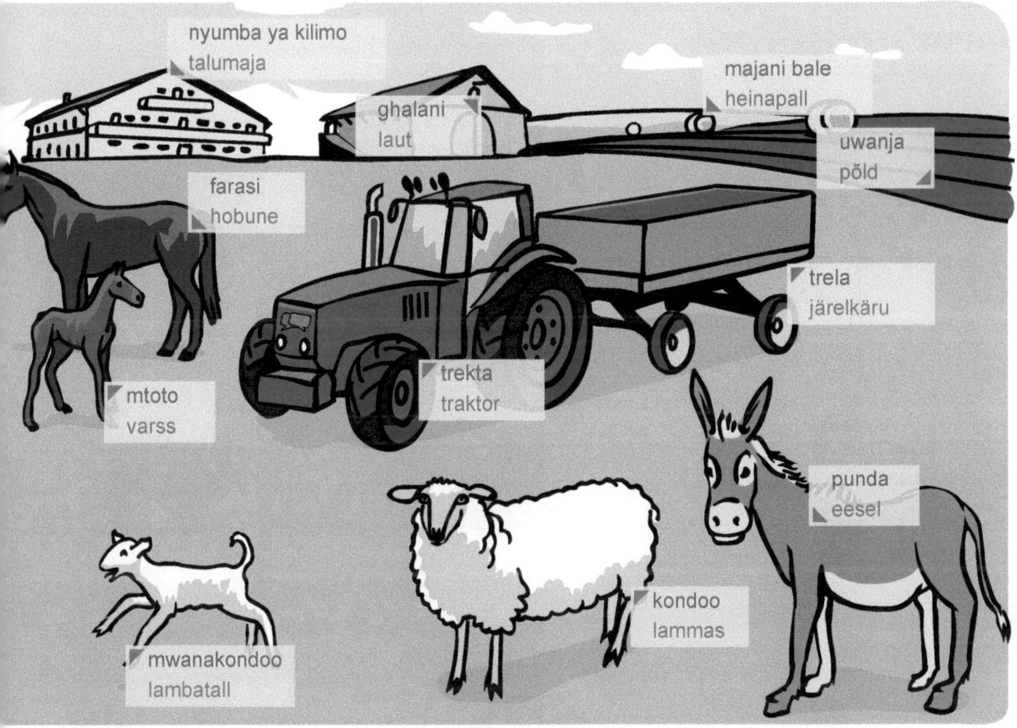
nyumba ya kilimo
talumaja
ghalani
laut
majani bale
heinapall
uwanja
põld
farasi
hobune
trela
järelkäru
mtoto
varss
trekta
traktor
punda
eesel
kondoo
lammas
mwanakondoo
lambatall

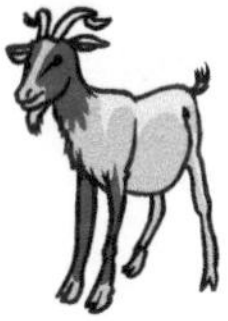

mbuzi

kits

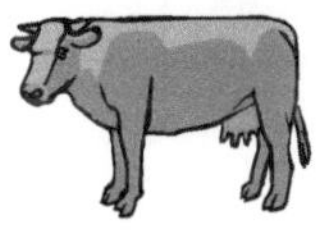

ng'ombe

lehm

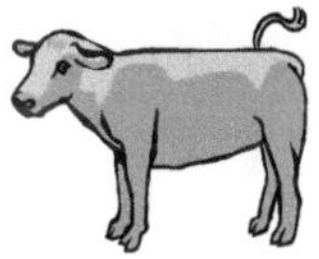

ndama

vasikas

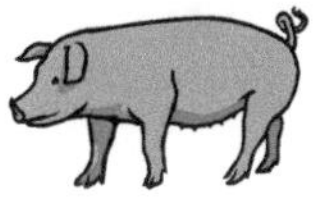

nguruwe

siga

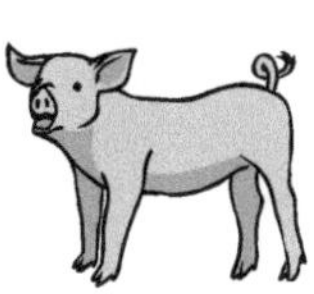

mwananguruwe

põrsas

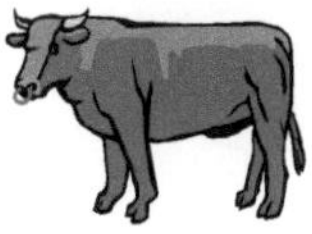

fahali

pull

batabukini

hani

bata

part

kifaranga

tibu

kuku

kana

jogoo

kukk

panya

rott

paka

kass

panya

hiir

ng'ombe

härg

mbwa

koer

nyumba ya mbwa

koerakuut

bomba la bustani

aiavoolik

debe la kumwagilia maji

kastekann

fyekeo

vikat

kulima

ader

mundu
sirp

jembe
kõblas

uma wa nyasi
hang

shoka
kirves

toroli
käru

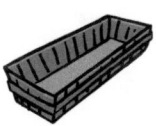

kupitia nyimbo
küna

chombo cha maziwa
piimanõu

gunia
kott

ua
tara

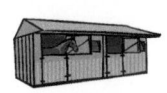

imara
tall

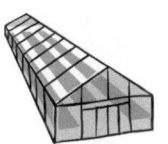

chafu
kasvuhoone

udongo
muld

mbegu
seeme

mbolea
väetis

kivunaji
kombain

mavuno

saaki koristama

mavuno

saagikoristus

viazi vikuu

jamss

ngano

nisu

soya

soja

viazi

kartul

mahindi

mais

rapa

raps

mti wa matunda

viljapuu

muhogo

maniokk

nafaka

teravili

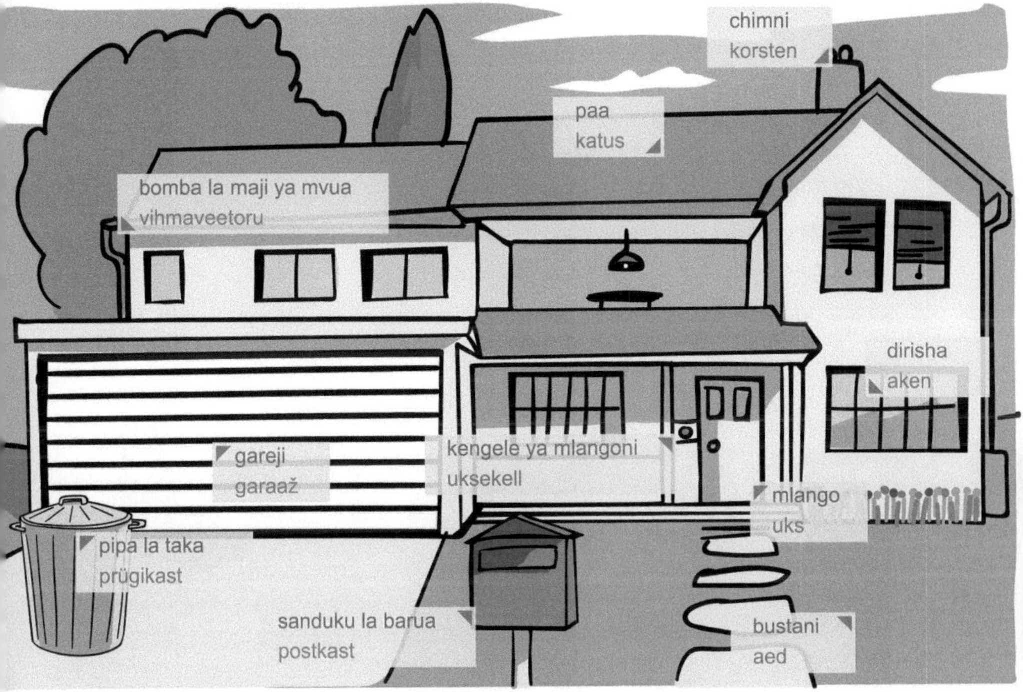

chimni
korsten

paa
katus

bomba la maji ya mvua
vihmaveetoru

dirisha
aken

gareji
garaaž

kengele ya mlangoni
uksekell

mlango
uks

pipa la taka
prügikast

sanduku la barua
postkast

bustani
aed

sebuleni
elutuba

bafu
vannituba

jikoni
köök

chumba cha kulala
magamistuba

chumba ya mtoto
lastetuba

chumba cha kulia
söögituba

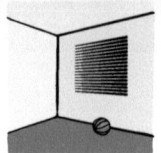

sakafu

põrand

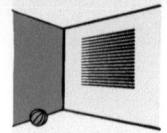

ukuta

sein

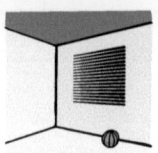

dari

lagi

pishi

kelder

sauna

saun

roshani

rõdu

mtaro

terrass

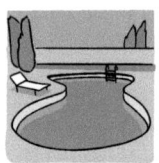

kidimbwi

bassein

mashine ya kukata nyasi

muruniiduk

karatasi

voodilina

kitambaa cha kupamba
kitanda

päevatekk

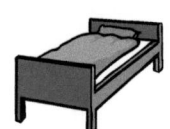

kitanda

voodi

ufagio

luud

ndoo

ämber

kubadili

lüliti

sebuleni
elutuba

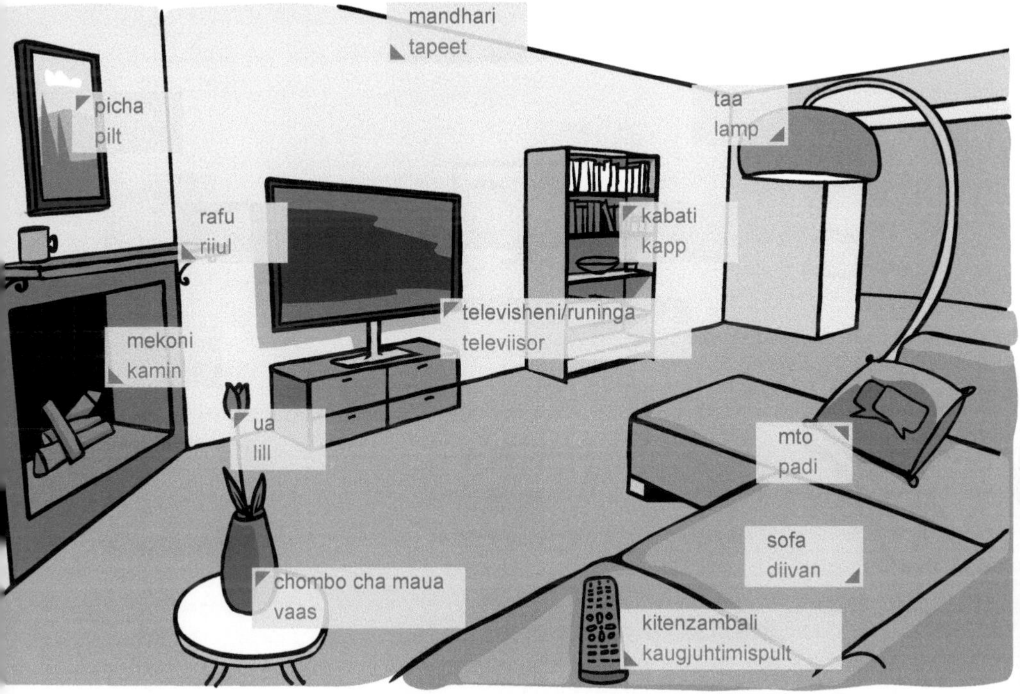

mandhari
tapeet
picha
pilt
taa
lamp
rafu
riiul
kabati
kapp
televisheni/runinga
televiisor
mekoni
kamin
ua
lill
mto
padi
sofa
diivan
chombo cha maua
vaas
kitenzambali
kaugjuhtimispult

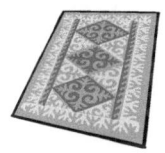

zulia

vaip

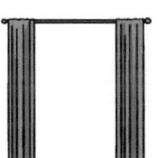

pazia

kardin

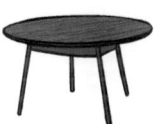

meza

laud

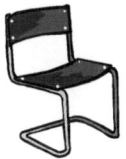

kiti

tool

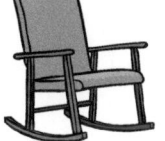

kiti cha bembea

kiiktool

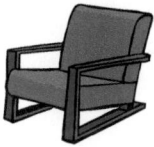

armchair

tugitool

kitabu

raamat

blanketi

tekk

mapambo

kaunistus

kuni

küttepuud

filamu

film

kifaa cha hi-fi

helisüsteem

ufunguo

võti

gazeti

ajaleht

uchoraji

maal

bango

plakat

redio

raadio

daftari

märkmik

kifyonza

tolmuimeja

dungusi kakati

kaktus

mshumaa

küünal

jikoni
köök

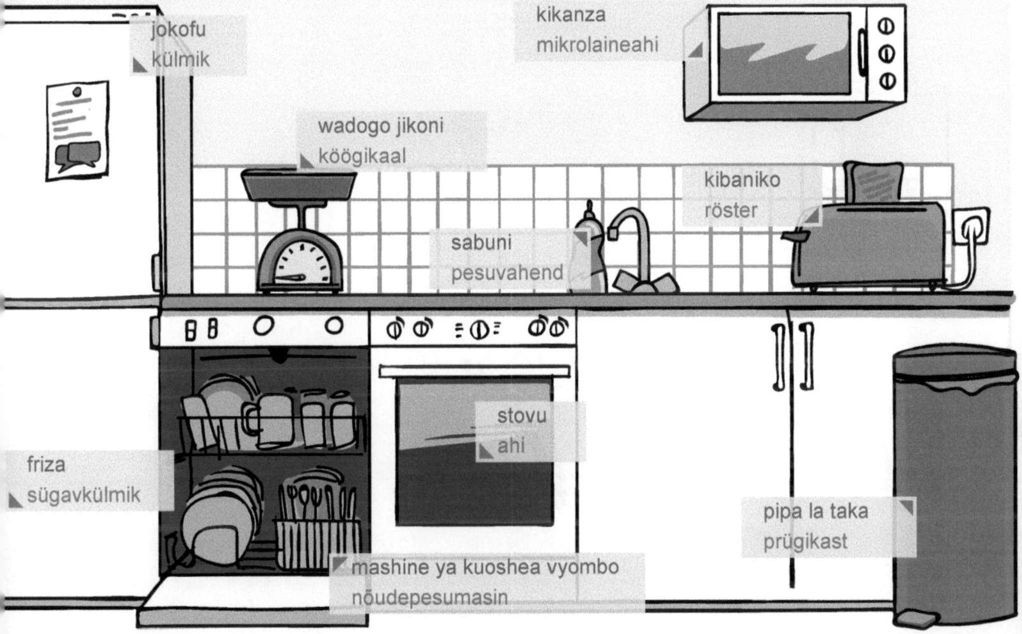

jokofu
külmik
kikanza
mikrolaineahi
wadogo jikoni
köögikaal
kibaniko
röster
sabuni
pesuvahend
stovu
ahi
friza
sügavkülmik
pipa la taka
prügikast
mashine ya kuoshea vyombo
nõudepesumasin

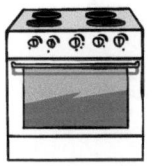

jiko la kupika

pliit

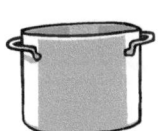

chungu

pott

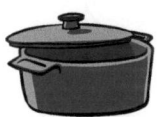

sufuria ya chuma

malmpott

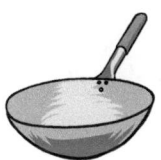

wok / kadai

vokkpann

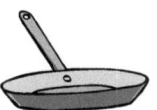

kaango

pann

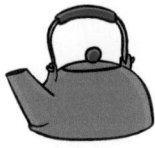

birika

veekeetja

stima
aurutaja

sinia ya kuoka
küpsetusplaat

vyombo vya udongo
lauanõud

kombe
kruus

bakuli
kauss

vijiti vya kulia
söögipulgad

ukawa
kulp

mwiko mpana
pannilabidas

burashi
vispel

kichujio
kurn

chujio
sõel

mbuzi
riiv

chokaa
uhmer

barbeque
grill

moto wazi
lahtine tuli

ubao wa majaribio

lõikelaud

kijiti cha kusukuma unga

tainarull

kizibuo

korgitser

kopo

konservipurk

inaweza kopo

konserviavaja

kishikio cha chungu

pajakinnas

karo

kraanikauss

brashi

hari

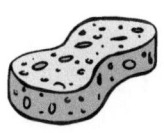

sifongo

pesukäsn

kisagaji matunda

kannmikser

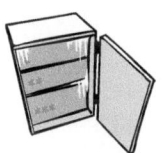

friji ya kina

sügavkülmuti

chupa ya mtoto

lutipudel

bomba

segisti

bafu

vannituba

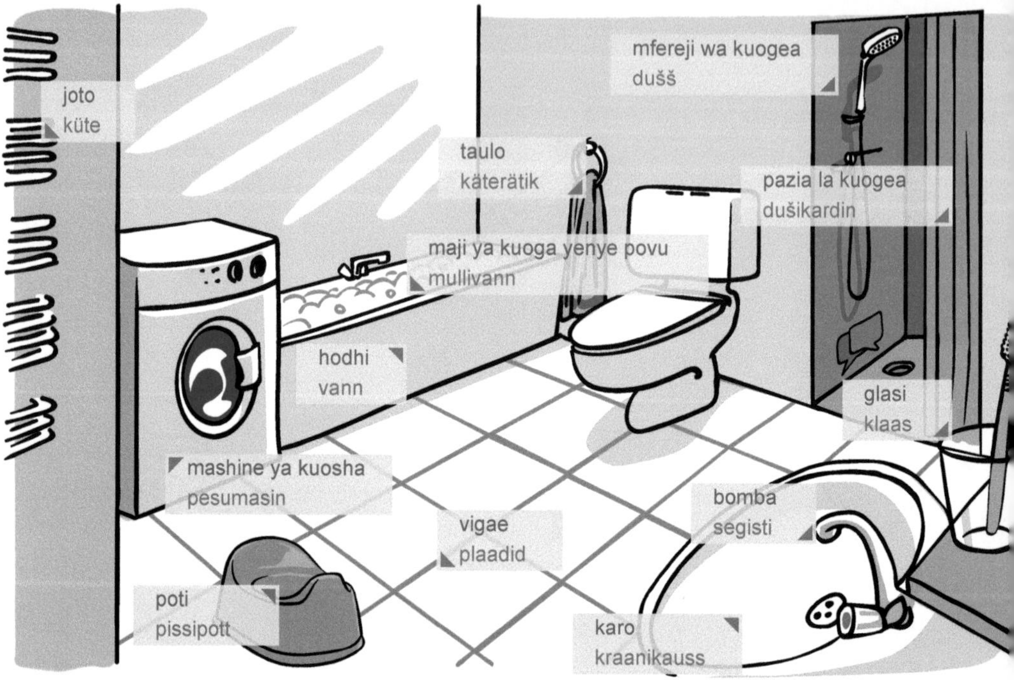

joto
küte
taulo
käterätik
mfereji wa kuogea
dušš
pazia la kuogea
dušikardin
maji ya kuoga yenye povu
mullivann
hodhi
vann
glasi
klaas
mashine ya kuosha
pesumasin
bomba
segisti
vigae
plaadid
poti
pissipott
karo
kraanikauss

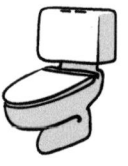

choo

WC-pott

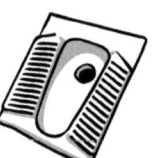

choo cha squat

kükitamistualett

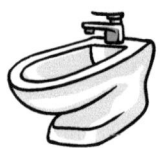

beseni la mviringo

bidee

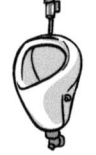

choo cha umma

pissuaar

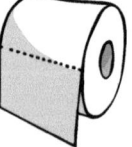

shashi

tualettpaber

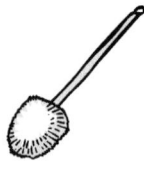

brashi ya choo

WC-hari

mswaki

hambahari

dawa ya meno

hambapasta

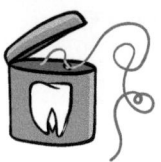

dawa ya meno

hambaniit

safisha

pesema

kuoga mkono

käsidušš

msukumo wa maji

intiimdušš

bonde

pesukauss

mpako wa pili

seljahari

sabuni

seep

jeli ya kuogea

dušigeel

shampuu

šampoon

flana

vamm

toa maji

äravool

krimu

kreem

kiondoa harufu

deodorant

kioo
peegel

kioo mkono
käsipeegel

kinyozi
habemenuga

povu la kunyoa
raseerimisvaht

baada ya kunyoa
habemevesi

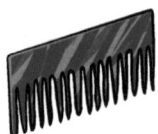

kichana
kamm

brashi
hari

kikausha nywele
föön

marashi ya nyewele
juukselakk

vipodozi
meigikomplekt

kidomwa
huulepulk

varnish ya msumari
küünelakk

pamba
vatt

mkasi wa kucha
küünekäärid

manukato
parfüüm

mkoba wa kuosha

tualett-tarvete kott

kinyesi

taburet

mizani

kaal

nguo ya kuoga

hommikumantel

glavu za mpira

kummikindad

kisodo

tampoon

sodo

hügieeniside

kemikali choo

keemiline tualett

chumba ya mtoto
lastetuba

saa ya kengele
äratuskell
kidoli cha kupakata
pehme mänguasi
gari bandia
mänguauto
kelele
kõristi
chumba cha midoli
nukumaja
sasa
kingitus

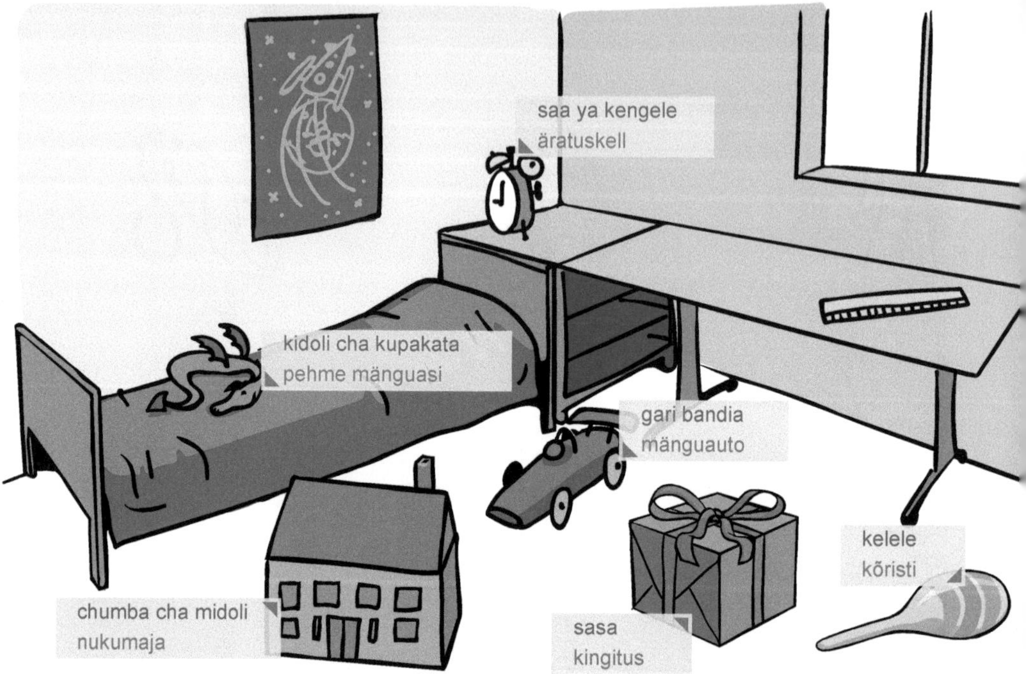

baluni

õhupall

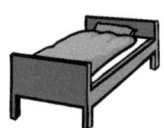

kitanda

voodi

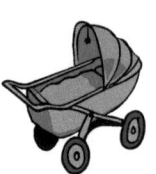

mashua

lapsevanker

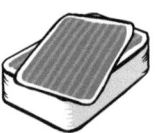

staha ya kadi

kaardipakk

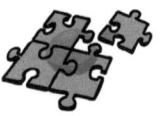

mchezo-fumb

pusle

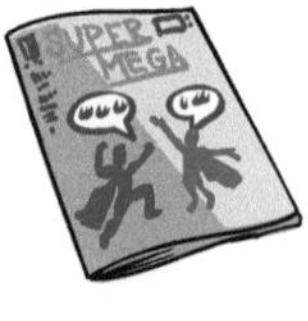

vichekesho

koomiks

matofali lego

Lego klotsid

vitalu mwigo

klotsid

hatua takwimu

kujuke

suti ya kulalia

siputuspüksid

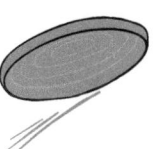

kisahani

lendav taldrik

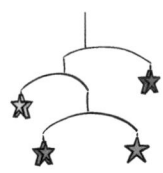

simu

voodikarussell

ubao wa michezo

lauamäng

kete

täringud

garimoshi mwigo

mudelrong

dummy

lutt

chama

pidu

picha kitabu

pildiraamat

mpira

pall

kikaragosi

nukk

kucheza

mängima

shimo la mchanga

liivakast

bembea

kiik

vitu bandia

mänguasjad

kiweko cha video ya mchezo

mängukonsool

baiskeli ya magurudumu

kolmerattaline jalgratas

matatu

mwanasesere

mängukaru

kabati

riidekapp

soksi

sokid

stokingi

sukad

kibano

sukkpüksid

skafu
sall

mwavuli
vihmavari

fulana
T-särk

ukanda
vöö

viatu
saapad

ndara
sussid

wakufunzi
tossud

malapa	viatu	mabuti ya mpira
sandaalid	jalatsid	kummikud
suruali ya ndani	sidiria	fulana
aluspüksid	rinnahoidja	vest

mwili
bodi

suruali
püksid

dangirizi
teksapüksid

sketi
seelik

blauzi
pluus

shati
särk

vuta
sviiter

sweta
dressipluus

bleza
bleiser

jaketi
jakk

koti
mantel

koti la mvua
vihmamantel

maleba
kostüüm

gauni
kleit

mavazi ya harusi
pulmakleit

suti

ülikond

vazi la usiku

öösärk

pajama

pidžaama

sari

sari

skafu

pearätt

kilemba

turban

burka

burka

kaftan

kaftan

abaya

abayah

vazi la kuogelea

ujumistrikoo

vazi la kiume la kuogelea

ujumispüksid

kaptura

lühikesed püksid

teitei

dressid

aproni

põll

glavu

kindad

kifungo

nööp

glasi

prillid

bangili

käevõru

mkufu

kaelakee

pete

sõrmus

herini

kõrvarõngas

kofia

nokamüts

kiango cha koti

riidepuu

kofia

kaabu

tai

lips

zipu

tõmblukk

kofia

kiiver

kanda za suruali

traksid

sare za shule

koolivorm

sare

vormirõivad

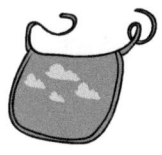

bibu

pudipõll

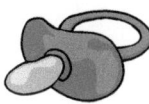

dummy

lutt

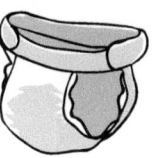

nepi

mähe

ofisi

kontor

seva
server
kabati la kuweka faili
arhiivikapp
kichapishaji
printer
karatasi
paber
kiwambo
monitor
kipanya
hiir
dawati
kirjutuslaud
folda
kaust
kibodi
klaviatuur
cha kuweka karatasi chafu
korv
kiti
tool
kompyuta
arvuti

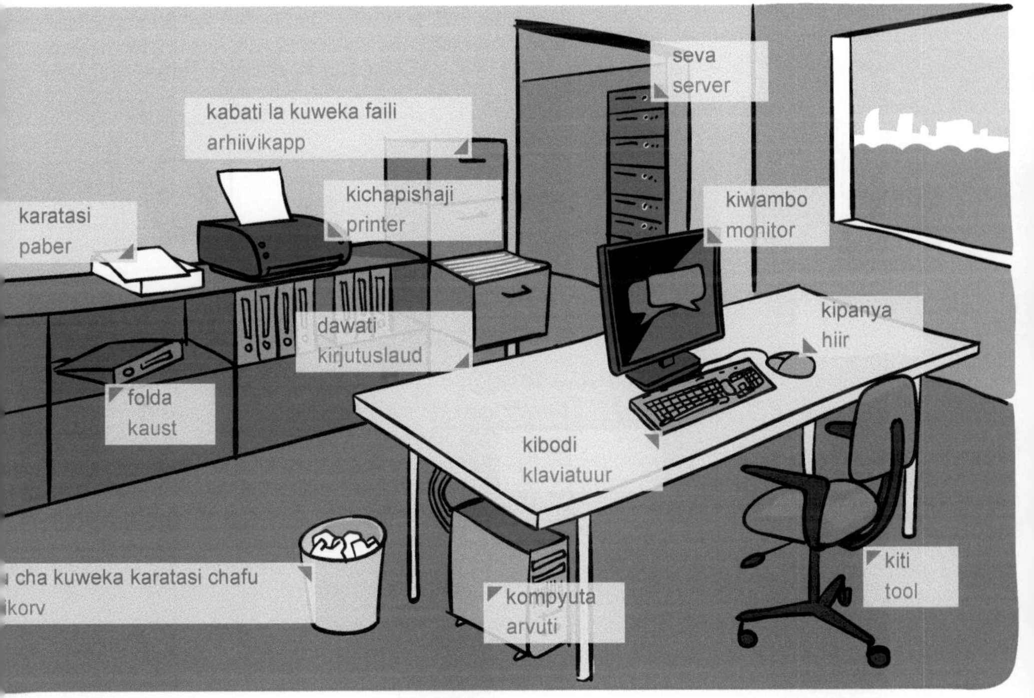

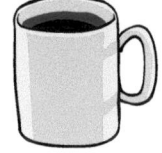

kmobe la kahawa

kohvikruus

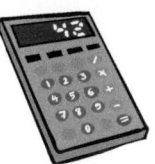

kikokotoo

kalkulaator

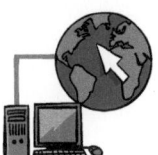

biashara

internet

mbali

sülearvuti

barua

kiri

ujumbe

sõnum

rununu

mobiiltelefon

intaneti

võrk

fotokopia

koopiamasin

programu

tarkvara

simu

telefon

soketi

pistikupesa

kipepesi

faksimasin

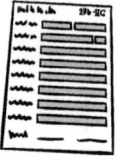

fomu

vorm

hati

dokument

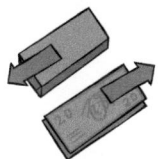

kununua

ostma

kulipa

maksma

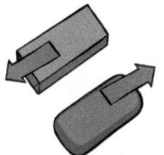

biashara

vahetama

fedha

raha

dola

dollar

yuro

euro

yeni

jeen

rouble

rubla

faranga ya Uswisi

Šveitsi frank

renminbi yuan

renminbi jüaan

rupia

ruupia

eneo la kulipia

sularahaautomaat

ofisi ya ubadilishanaji

valuutavahetuspunkt

dhahabu

kuld

fedha

hõbe

mafuta

nafta

nishati

energia

bei

hind

mkataba

leping

kodi

maks

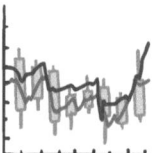

bidhaa

aktsia

kazi

töötama

mfanyakazi

töötaja

mwajiri

tööandja

kiwanda

tehas

duka

kauplus

kazi
ametid

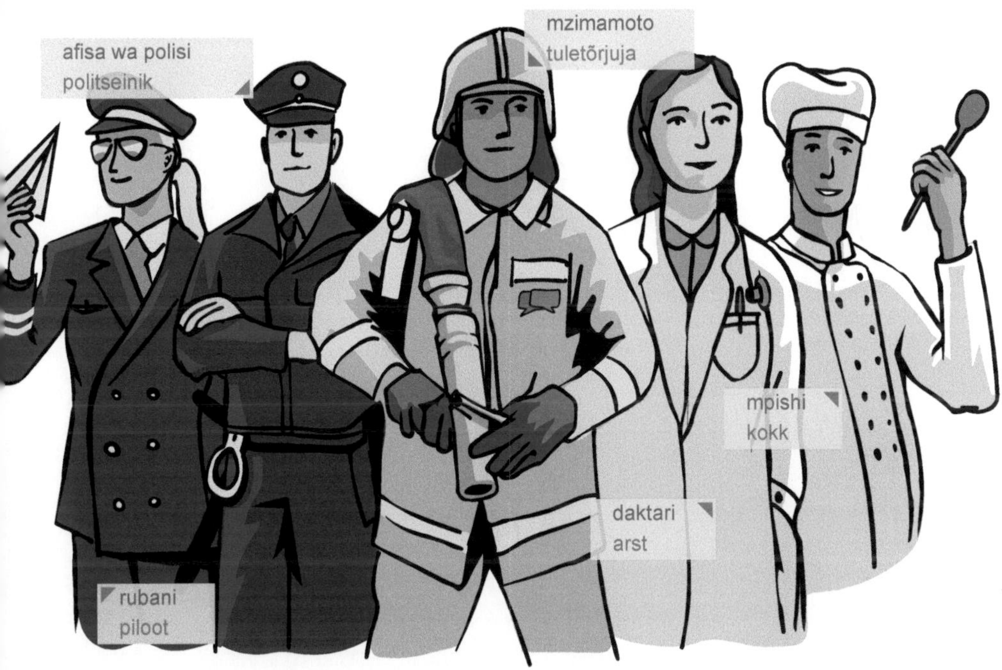
afisa wa polisi
politseinik
mzimamoto
tuletõrjuja
mpishi
kokk
daktari
arst
rubani
piloot

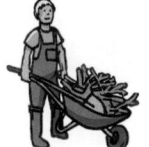

mtunza bustani

aednik

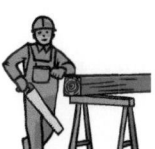

seremala

puusepp

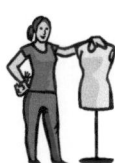

mshonaji

õmbleja

hakimu

kohtunik

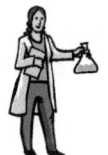

mwanakemia

keemik

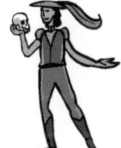

muigizaji

näitleja

dereva wa basi

bussijuht

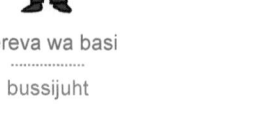

dereva wa teksi

taksojuht

mvuvi

kalamees

mwanamke wa kusafisha

koristaja

mwezekaji

katusepaigaldaja

mhudumu

kelner

mwindaji

jahimees

mchoraji

maaler

mwokaji

pagar

umeme

elektrik

mjenzi

ehitaja

mhandisi

insener

mchinjaji

lihunik

fundi bomba

torumees

mwanaposta

postiljon

kazi - ametid

mwanajeshi
sõdur

msanifu majengo
arhitekt

keshia
kassapidaja

muuza maua
lillemüüja

msusi
juuksur

kondakta
piletikontrolör

mekanika
mehaanik

nahodha
kapten

daktari wa meno
hambaarst

mwanasayansi
teadlane

rabbi
rabi

imamu
imaam

mtawa
munk

kasisi
preester

zana

tööriistad

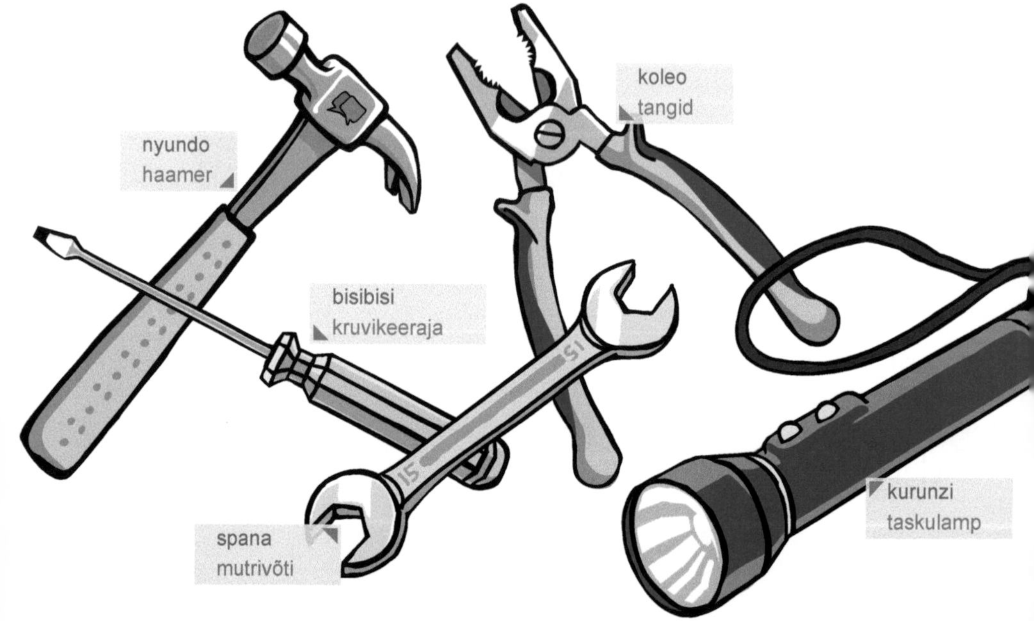

nyundo
haamer
koleo
tangid
bisibisi
kruvikeeraja
spana
mutrivõti
kurunzi
taskulamp

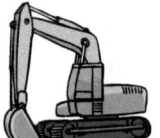

mchimbaji

ekskavaator

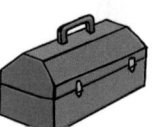

sanduku la vifaa

tööriistakast

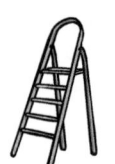

ngazi

redel

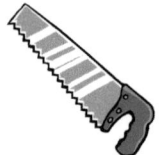

msumeno

saag

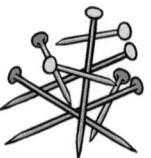

misumari

naelad

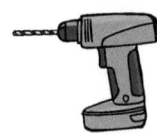

kuchimba visima

trell

kukarabati

parandama

sepetu

labidas

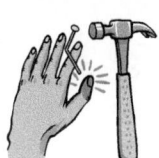

Lo!

Põrgusse!

kishikio cha uchafu

kühvel

chungu cha rangi

värvipott

skurubu

kruvid

ala za muziki
pillid

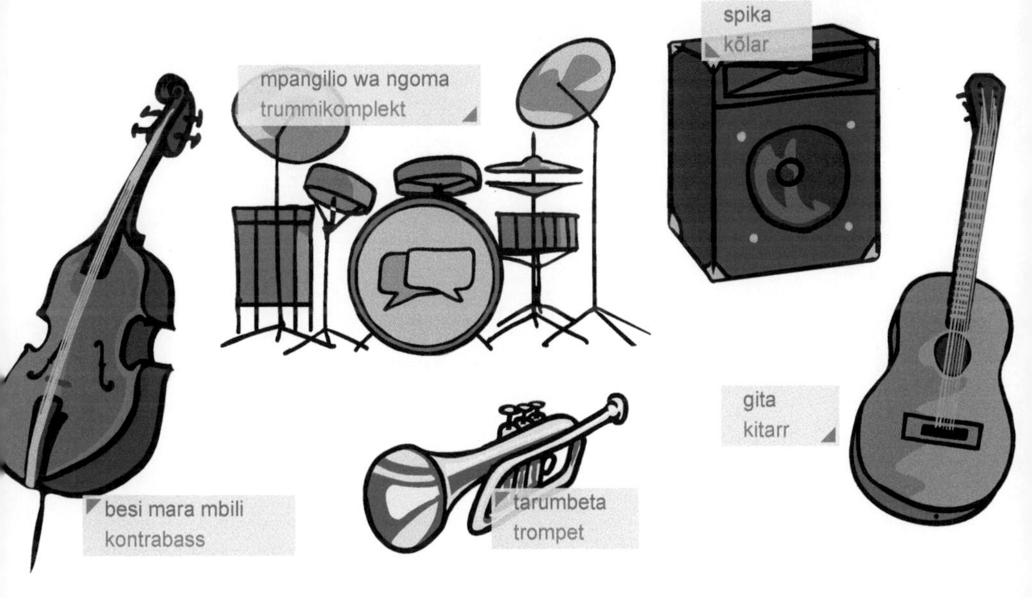

spika
kõlar

mpangilio wa ngoma
trummikomplekt

gita
kitarr

besi mara mbili
kontrabass

tarumbeta
trompet

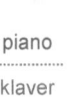

piano
klaver

fidla
viiul

ubeji
bass

timpani
timpan

ngoma
trummid

kibodi
süntesaator

saksafoni
saksofon

filimbi
flööt

maikrofoni
mikrofon

bustani ya wanyama
loomaaed

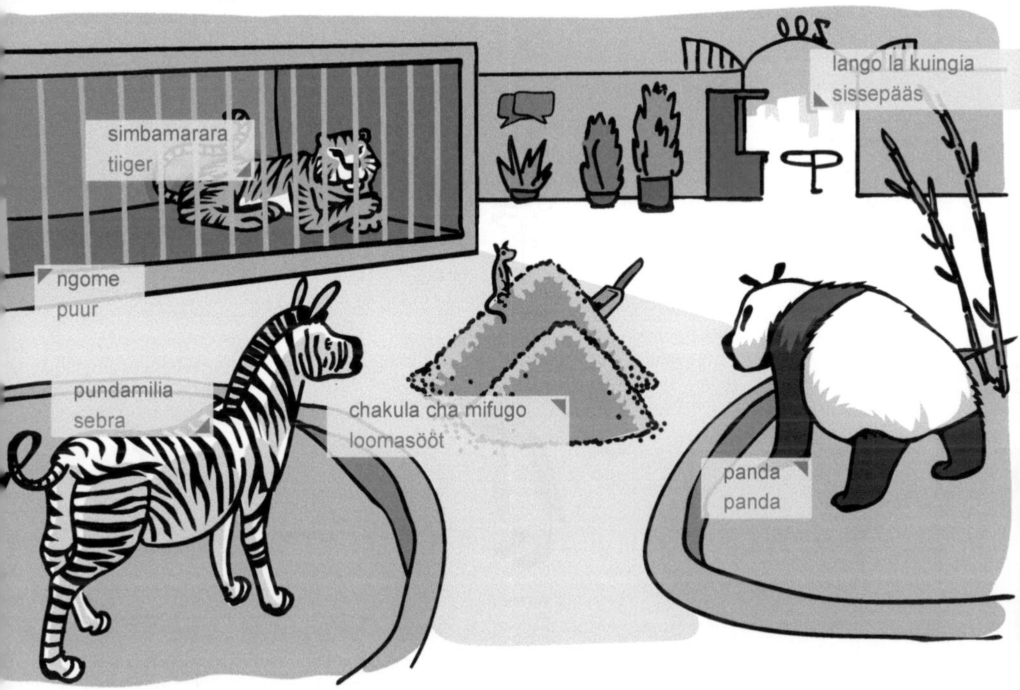
lango la kuingia
sissepääs
simbamarara
tiiger
ngome
puur
pundamilia
sebra
chakula cha mifugo
loomasööt
panda
panda

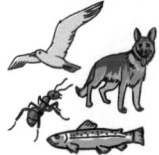

wanyama

loomad

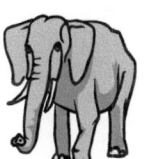

tembo

elevant

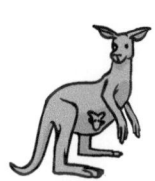

kangaruu

känguru

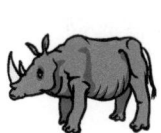

kifaru

ninasarvik

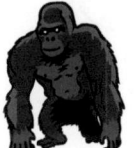

sokwe

gorilla

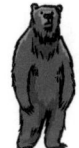

dubu

karu

ngamia

kaamel

mbuni

jaanalind

simba

lõvi

tumbili

ahv

heroe

flamingo

kasuku

papagoi

dubu

jääkaru

penguini

pingviin

papa

hai

tausi

paabulind

nyoka

madu

mamba

krokodill

mtunza wanyama

loomaaiatalitaja

muhuri

hüljes

jaguar

jaaguar

mwanafarasi
poni

chui
leopard

kiboko
jõehobu

twiga
kaelkirjak

tai
kotkas

nguruwe mwitu
metssiga

samaki
kala

kobe
kilpkonn

sili
morsk

mbweha
rebane

paa
gasell

soka ya marekani
Ameerika jalgpall

uendeshaji baiskeli
jalgrattasõit

tenisi
tennis

mpira wa kikapu
korvpall

kuogelea
ujumine

ndondi
poksimine

magongo ya barafuni
jäähoki

soka
jalgpall

vinyoya
sulgpall

riadha
kergejõustik

mpira wa mikono
käsipall

skii
suusatamine

polo
polo

shughuli
tegevused

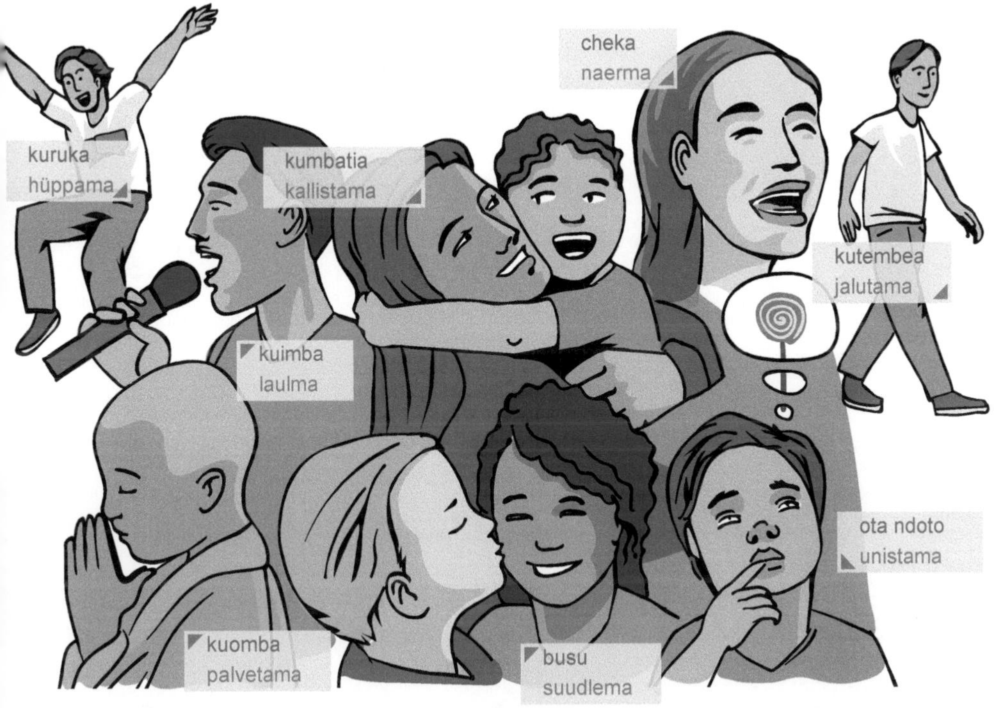
cheka
naerma
kuruka
hüppama
kumbatia
kallistama
kutembea
jalutama
kuimba
laulma
ota ndoto
unistama
kuomba
palvetama
busu
suudlema

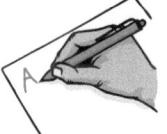

kuandika

kirjutama

kuteka

joonistama

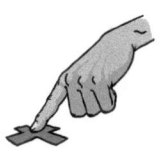

angalia

näitama

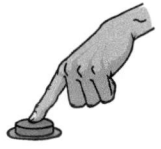

sukuma

lükkama

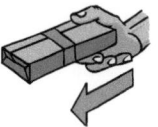

kutoa

andma

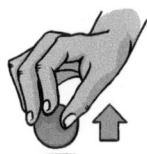

kuchukua

võtma

kuwa
omama

fanya
tegema

kuwa
olema

kusimama
seisma

kukimbia
jooksma

vuta
tõmbama

kutupa
viskama

kuanguka
kukkuma

hadaa
lamama

kusubiri
ootama

kubeba
kandma

kukaa
istuma

vaa nguo
riidesse panema

usingizi
magama

kuamka
ärkama

kuangalia

vaatama

lia

nutma

kiharusi

paitama

chana nywele

kammima

ongea

rääkima

kuelewa

aru saama

kuuliza

küsima

kusikiliza

kuulama

kunywa

jooma

kula

sööma

nadhifisha

korrastama

upendo

armastama

mpishi

süüa tegema

gari

sõitma

kuruka

lendama

meli
purjetama

kokotoa
arvutama

kusoma
lugema

kujifunza
õppima

kazi
töötama

kuoa
abielluma

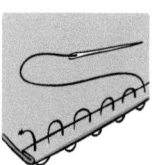

kushona
õmblema

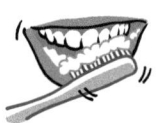

piga mswaki
hambaid pesema

kuua
tapma

moshi
suitsetama

kutuma
saatma

shughuli - tegevused

familia
perekond

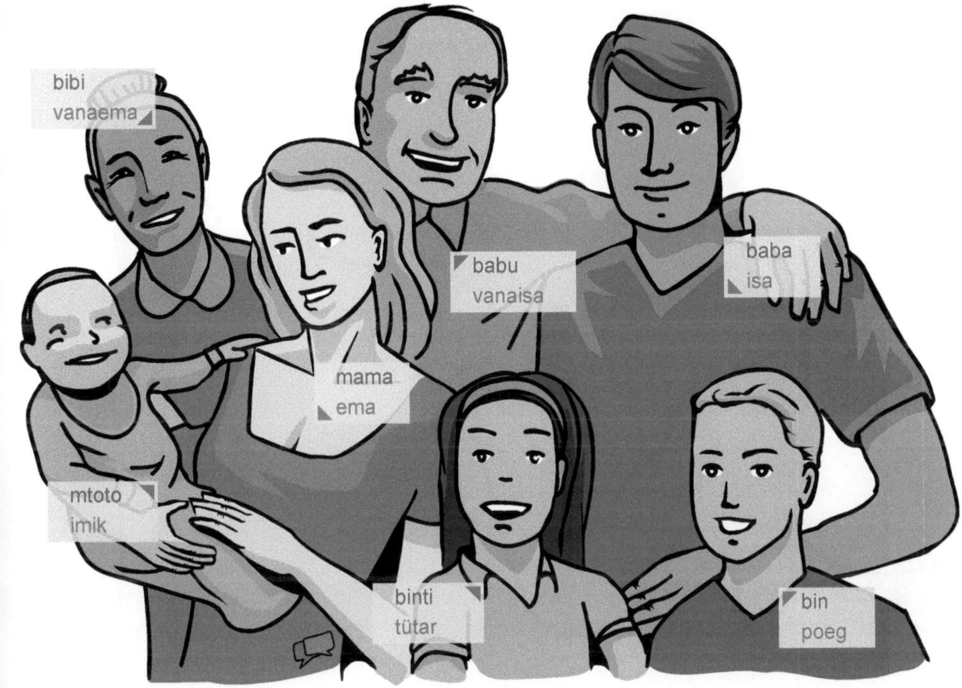
bibi
vanaema
babu
vanaisa
baba
isa
mama
ema
mtoto
imik
binti
tütar
bin
poeg

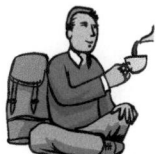

mgeni

külaline

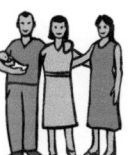

shangazi

tädi

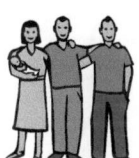

mjomba

onu

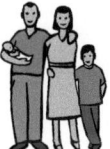

kaka

vend

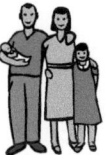

dada

õde

mwili

keha

paji la uso
otsmik
jicho
silm
bega
õlg
kidole
sõrm
uso
nägu
kidevu
lõug
mkono
käsi
matiti
rind
mguu
jalg
mkono
käsivars

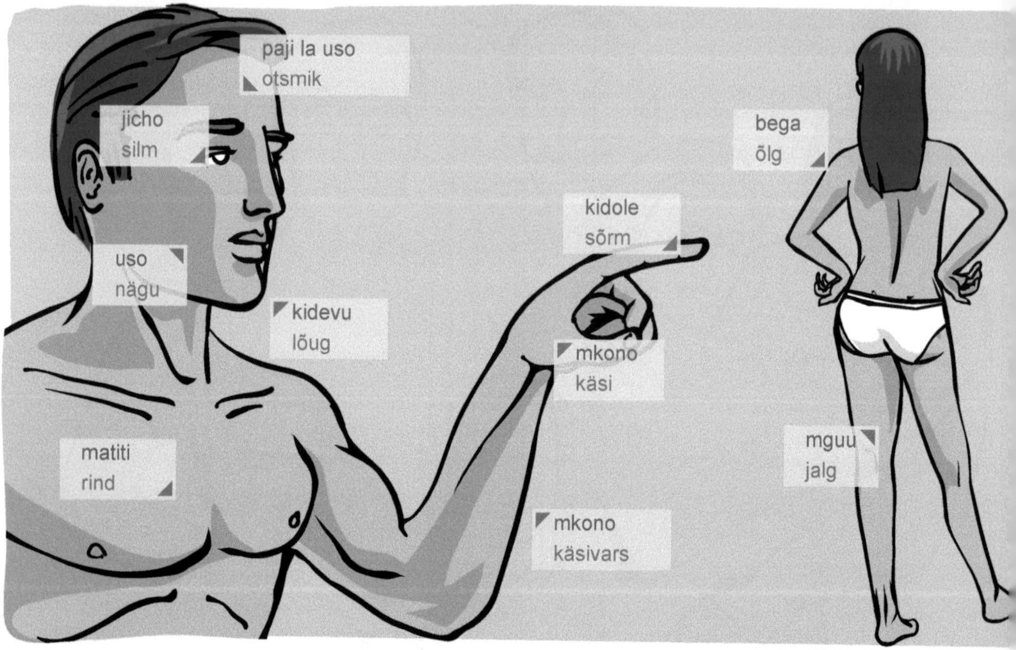

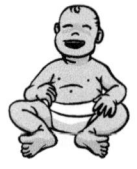

mtoto

imik

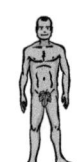

mwanamume

mees

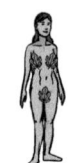

mwanamke

naine

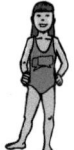

msichana

tüdruk

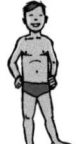

mvulana

poiss

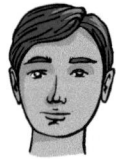

kichwa

pea

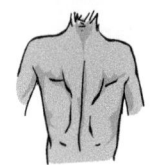

nyuma

selg

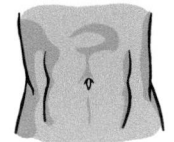

tumbo

kõht

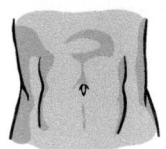

kitovu

naba

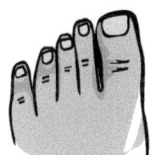

chano

varvas

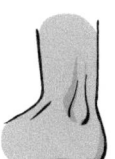

kisigino

kand

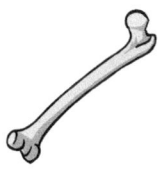

mfupa

luu

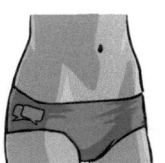

nyonga

puus

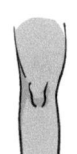

goti

põlv

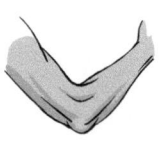

kiwiko

küünarnukk

pua

nina

chini

tagumik

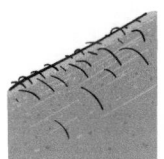

ngozi

nahk

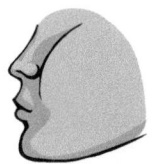

shavu

põsk

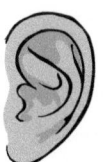

sikio

kõrv

mdomo

huuled

kinywa

suu

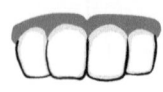

jino

hammas

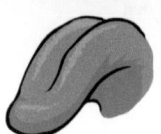

ulimi

keel

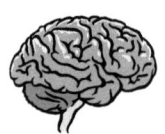

ubongo

aju

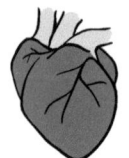

moyo

süda

misuli

lihas

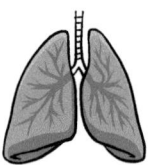

pafu

kops

ini

maks

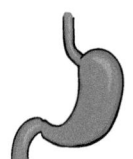

tumbo

magu

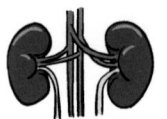

figo

neerud

jinsia

seksuaalvahekord

kondomu

kondoom

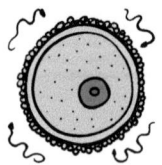

ovari

munarakk

shahawa

sperma

mimba

rasedus

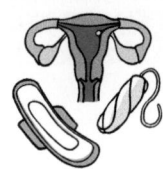

hedhi

menstruatsioon

uke

vagiina

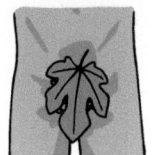

uume

peenis

unyusi

kulm

nywele

juuksed

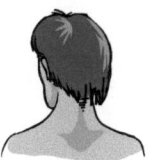

shingo

kael

hospitali
haigla

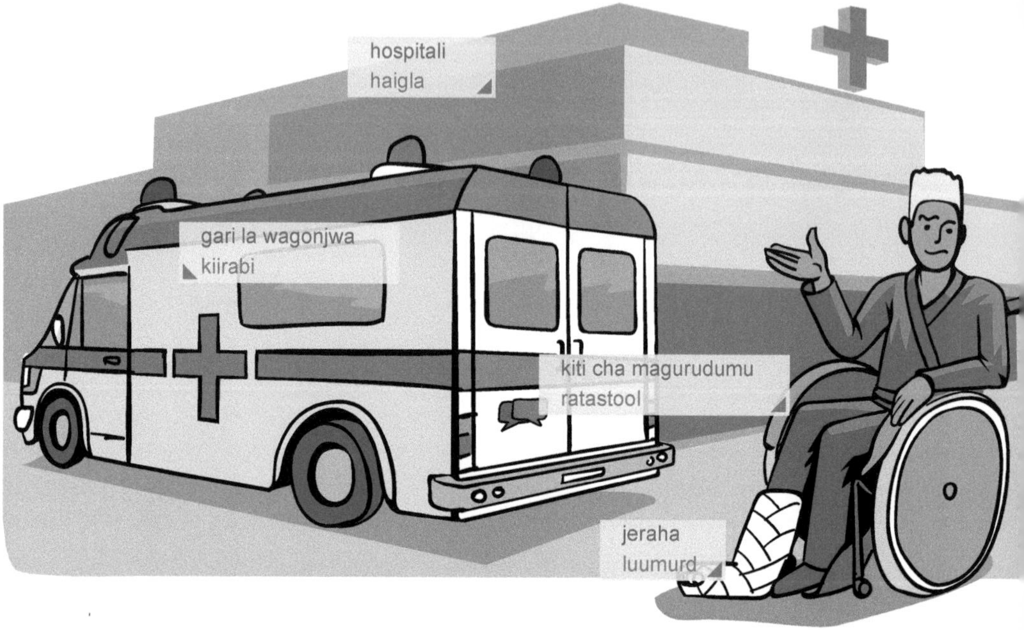

hospitali
haigla
gari la wagonjwa
kiirabi
kiti cha magurudumu
ratastool
jeraha
luumurd

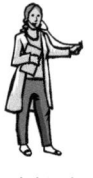

daktari

arst

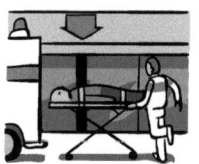

chumba cha dharura

traumapunkt

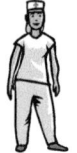

muuguzi

meditsiiniõde

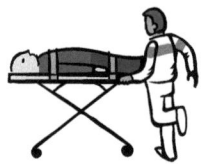

dharura

hädaolukord

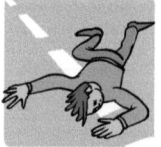

kupoteza fahamu

teadvuseta

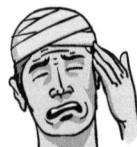

maumivu

valu

kuumia

vigastus

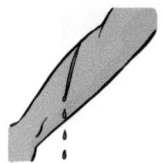

kutokwa na damu

verejooks

mshtuko wa moyo

südamerabandus

kiharusi

insult

mzio

allergia

kikohozi

köha

homa

palavik

mafua

gripp

kuharisha

kõhulahtisus

maumivu ya kichwa

peavalu

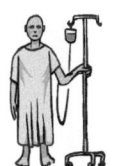

kansa

vähk

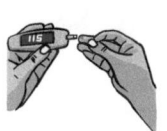

ugonjwa wa kisukari

diabeet

daktari mpasuaji

kirurg

kisu kidogo cha kupasulia

skalpell

operesheni

operatsioon

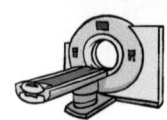

picha changanufu ya mwili
KT

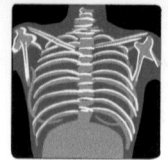

Eksrei
röntgen

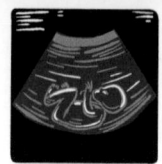

mawimbi sauti
ultraheli

barakoa ya uso
mask

ugonjwa
haigus

chumba cha kusubiri
ooteruum

mkongojo
kark

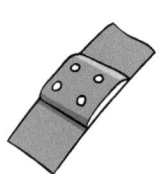

plasta
kips

bendeji
side

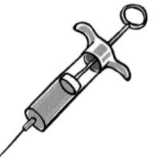

sindano
süst

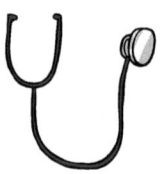

stetoskopu
stetoskoop

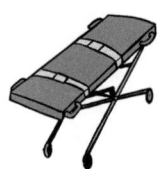

machela
kanderaam

kipimajoto cha kliniki
kraadiklaas

kuzaliwa
sünd

unene kupita kiasi
ülekaaluline

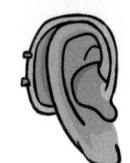

kusikia misaada

kuuldeaparaat

kipukusi

desinfektsioonivahend

maambukizi

põletik

virusi

viirus

VVU / UKIMWI

HIV / AIDS

dawa

meditsiin

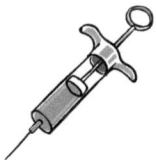

chanjo

vaktsineerimine

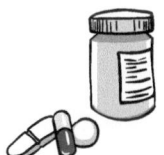

vidonge

tabletid

kidonge

pill

simu ya dharura

hädaabikõne

haemodainamometa

vererõhuaparaat

mgonjwa / mwenye afya

haige / terve

Msaada!

Appi!

kengele

häire

pigo

kallaletung

shambulizi

rünnak

hatari

oht

lango la dharura

avariiväljapääs

Moto!

Tulekahju!

kizima moto

tulekustuti

ajali

õnnetus

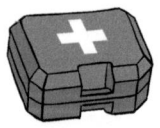

vifaa vya huduma ya kwanza

esmaabikomplekt

wito wa msaada

SOS

polisi

politsei

Ulaya

Euroopa

Amerika ya Kaskazini

Põhja-Ameerika

Amerika ya Kusini

Lõuna-Ameerika

Afrika

Aafrika

Asia

Aasia

Australia

Austraalia

Atlantiki

Atlandi ookean

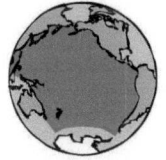

Pasifiki

Vaikne ookean

Bahari ya Hindi

India ookean

Bahari ya Antaktiki

Lõuna-Jäämeri

Bahari ya Aktiki

Põhja-Jäämeri

Ncha ya Kaskazini

põhjapoolus

Ncha ya Kusini

lõunapoolus

Antaktika

Antarktika

dunia

Maa

nchi

maismaa

bahari

meri

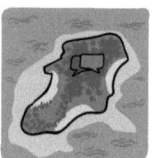

kisiwa

saar

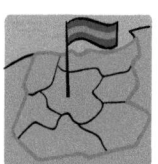

taifa

rahvus

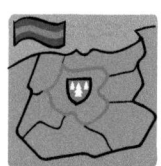

jimbo

riik

uso wa saa

sihverplaat

akrabu ya saa

tunniosuti

akrabu ya dakika

minutiosuti

akrabu ya sekunde

sekundiosuti

Ni saa ngapi?

Mis kell on?

siku

päev

wakati

aeg

sasa

praegu

saa ya dijitali

digitaalne kell

dakika

minut

saa

tund

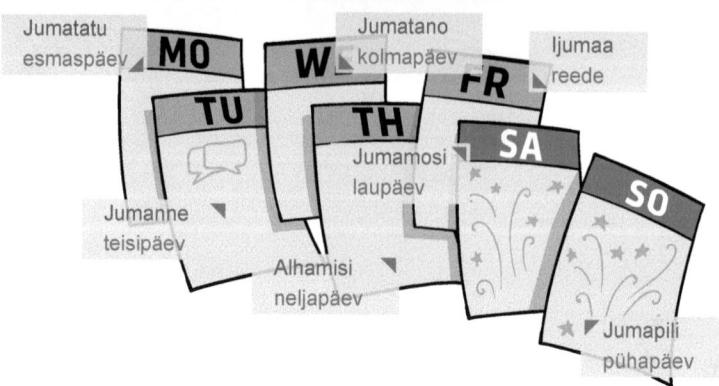

Jumatatu esmaspäev
Jumatano kolmapäev
Ijumaa reede
Jumanne teisipäev
Jumamosi laupäev
Alhamisi neljapäev
Jumapili pühapäev

jana
eile

leo
täna

kesho
homme

asubuhi
hommik

saa sita mchana
lõuna

jioni
õhtu

siku za biashara
tööpäevad

mwishoni mwa wiki
nädalavahetus

mwaka
aasta

mvua
vihm
upinde wa mvua
vikerkaar
theluji
lumi
upepo
tuul
majira ya machipuko
kevad
vuli
sügis
kiangazi
suvi
majira ya baridi
talv

4.APRIL 11°
5.APRIL 4°
6.APRIL 13°
7.APRIL 8°
8.APRIL 10°

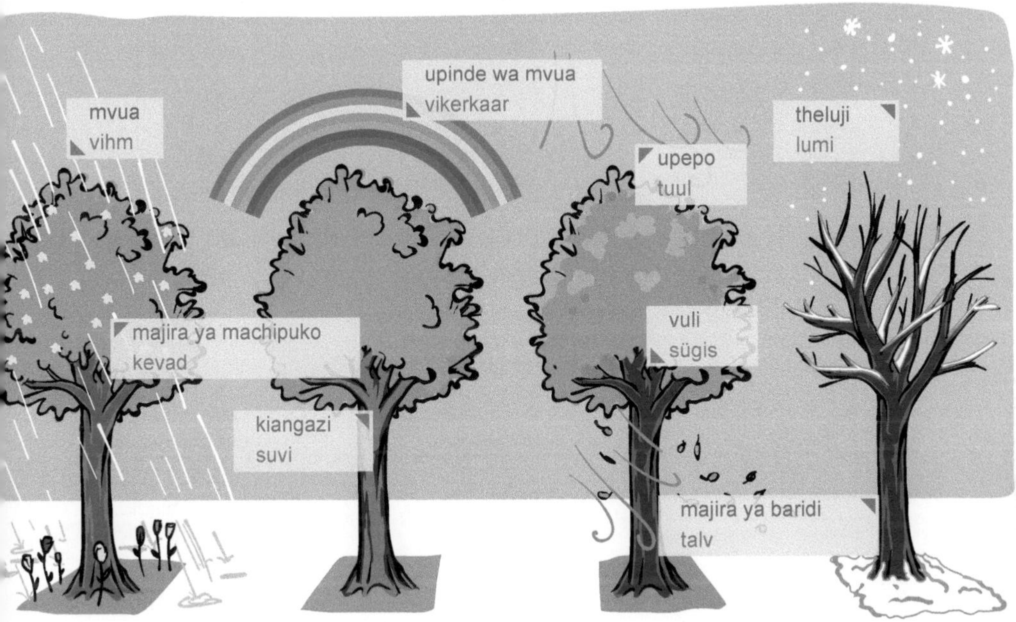

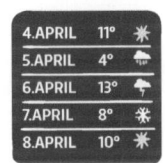

utabiri wa hali ya hewa

ilmaennustus

F
C
120
90
60
30
0
-30
40
30
20
10
0
-10
-20

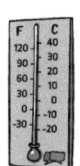

kipimajoto

termomeeter

mwanga wa jua

päikesepaiste

wingu

pilv

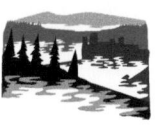

ukungu

udu

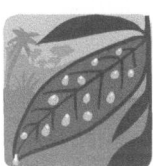

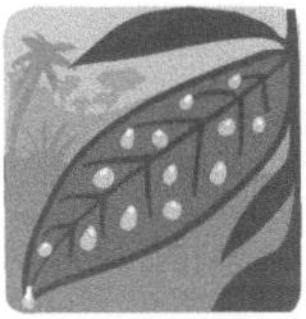

unyevu

niiskus

umeme

pikne

radi

kõu

dhoruba

torm

mvua ya mawe

rahe

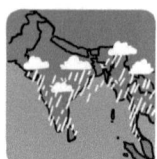

monsuni

mussoon

mafuriko

üleujutus

barafu

jää

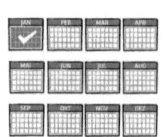

Januari

jaanuar

Februari

veebruar

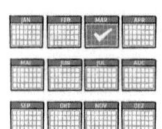

Machi

märts

Aprili

aprill

Mei

mai

Juni

juuni

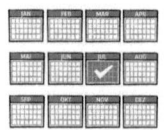

Julai

juuli

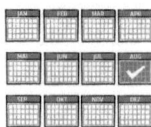

Agosti

august

Septemba

september

Oktoba

oktoober

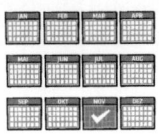

Novemba

november

Desemba

detsember

maumbo
kujundid

mduara

ring

mraba

ruut

mstatili

nelinurk

pembetatu

kolmnurk

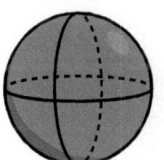

nyanja

kera

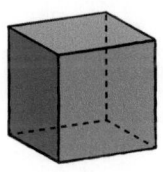

mchemraba

kuup

nyeupe
valge

manjano
kollane

chungwa
oranž

rangi ya waridi
roosa

nyekundu
punane

hudhurungi
lilla

bluu
sinine

kijani
roheline

hanja
pruun

jivujivu
hall

nyeusi
must

mengi / kidogo

palju / vähe

hasira / pole

vihane / rahulik

nzuri / mbaya

ilus / inetu

mwanzo / mwisho

algus / lõpp

kubwa / ndogo

suur / väike

angavu / giza

hele / tume

kaka / dada

vend / õde

safi / chafu

puhas / must

kamilika / tokamilika

täielik / puudulik

siku / usiku

päev / öö

wafu / hai

surnud / elus

pana / nyembamba

lai / kitsas

kulika / kutolika

söödav / mittesöödav

ovu / ema

kuri / sõbralik

sisimkwa / udhika

põnevil / tüdinud

nene / nyembamba

paks / peenike

kwanza / mwisho

esimene / viimane

rafiki / adui

sõber / vaenlane

jaa / tupu

täis / tühi

ngumu / laini

kõva / pehme

nzito / nyepesi

raske / kerge

njaa / kiu

nälg / janu

mgonjwa / mwenye afya

haige / terve

haramu / kisheria

ebaseaduslik / seaduslik

akili / kijinga

tark / rumal

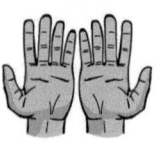

kushoto / kulia

vasak / parem

karibu / mbali

lähedal / kaugel

mpya / kutumika

uus / kasutatud

kitu / jambo

mitte midagi / midagi

zee / changa

vana / noor

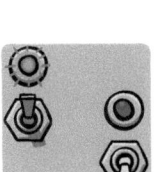

waka / zima

sees / väljas

wazi / fungwa

lahti / kinni

utulivu / kelele

vaikne / vali

tajiri / masikini

rikas / vaene

sahihi / kosa

õige / vale

mbaya / laini

kare / sile

huzunika / furahia

kurb / rõõmus

fupi /ndefu

lühike / pikk

polepole / haraka

aeglane / kiire

nyevu / kavu

märg / kuiv

joto / baridi

soe / jahe

vita / amani

sõda / rahu

0

sufuri

null

1

moja

üks

2

mbili

kaks

3

tatu

kolm

4

nne

neli

5

tano

viis

6

sita

kuus

7

saba

seitse

8

nane

kaheksa

9

tisa

üheksa

10

kumi

kümme

11

kumi na moja

üksteist

12	**13**	**14**
kumi na mbili	kumi na tatu	kumi na nne
kaksteist	kolmteist	neliteist

15	**16**	**17**
kumi na tano	kumi na sita	kumi na saba
viisteist	kuusteist	seitseteist

18	**19**	**20**
kumi na nane	kumi na tisa	ishirini
kaheksateist	üheksateist	kakskümmend

100	**1.000**	**1.000.000**
mia	elfu	milioni
sada	tuhat	miljon

lugha
keeled

Kiingereza
inglise

Kiingereza cha Marekani
Ameerika inglise

Kimandarini cha Uchina
mandariini

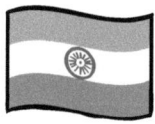

Kihindi
hindi

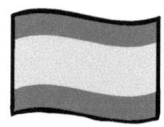

Kihispania
hispaania

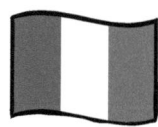

Kifaransa
prantsuse

Kiarabu
araabia

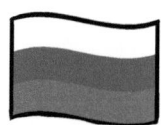

Kirusi
vene

Kireno
portugali

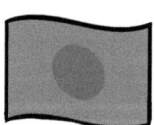

Kibengali
bengali

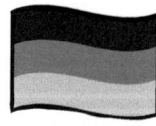

Kijerumani
saksa

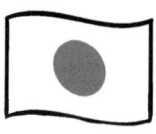

Kijapani
jaapani

mimi
mina

wewe
sina

yeye / yeye / ni
tema

sisi
meie

wewe
teie

wao
nemad

nani?
kes?

nini?
mis?

jinsi gani?
kuidas?

wapi?
kus?

lini?
millal?

jina
nimi

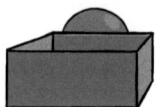

nyuma
taga

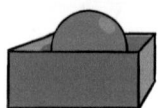

katika
sees

mbele ya
ees

juu ya
kohal

kwenye
peal

chini ya
all

kando
kõrval

kati
vahel

mahali
koht